# *O que você precisa saber*

**Perguntas e Respostas do Dia-a-Dia**

Zaquie Meredith

**Introdução de**
*Lourival Lopes*

*Copyright © Zaquie Meredith, 2005*

Todos os direitos reservados:
**Editora Otimismo Ltda.**
SIBS Quadra 03 Conjunto C Lote 29
71736-303 - Núcleo Bandeirante
Brasília - DF
Telefones: (61) 3386-4964 e 3386-0459
2º edição - 1.000 a 6.000 exemplares.
Fevereiro de 2007

---

B238  Meredith, Zaquie
     O que você precisa saber/Zaquie
Meredith  2. Ed. -- Brasília : 2007
170 p.
ISBN: 85-8654-39-5
    1. Espiritismo    I. Título
                  CDU 133

## Apresentação

### *Como é bom saber que Deus responte as nossas perguntas*

Como é bom saber que Deus responde as nossas perguntas!

E o faz de forma clara por meio de seus celestes agentes, seus emissários: os espíritos.

Analisemos o que nos dizem as perguntas da autora e as sábias respostas recebidas. Elas focam as nossas emoções, esclarece-as e, em poucas palavras, falam o que mais necessitamos. São de grande valia para construirmos uma firme fé em Deus. E para obtermos as outras respostas de que necessitamos para as questões presentes em nossa vida.

Certamente não estão aqui todas as respostas às perguntas que se podem fazer. Elas estabelecem um caminho, uma orientação para as demais que procuramos e que nos levam à felicidade.

Se atentarmos bem, vamos constatar que todas as respostas já estão em nós, em nossa consciência. É ali que Deus fala. Mas as respostas dos espíritos ajudam na ativação da consciência. Analisando-as, aceitando-as, a nossa consciência assume as condições de também responder ao que lhe perguntamos.

A forma de livro de bolso, de fácil acesso, abre novas portas por onde entrarmos no grande palco da sabedoria e como esta vencermos na vida.

Um abraço de
LOURIVAL LOPES
Outubro de 2005

# O COMEÇO DO DIA

*Como a pessoa deve começar o dia?*

Deve abrir-se ao seu Deus interior e agradecer por tudo que ela tem, todos os objetos, todas as pessoas, e agradecer pelo corpo, pela vida, pelo ar, pela terra e por todos. Deve abençoar tudo o que está em volta e repetir para si mesma: Nada temo. Nada devo. Nada me "pré-ocupa." Tenho a certeza de que tudo que me pertence já está comigo.

*E como deve continuar o dia?*

Deve cuidar para que não se perca cada momento que se tem em buscar esse Deus. Deve desejar que tudo ocorra bem e firmar o pensamento sempre no melhor. Deve confiar que o melhor virá. Deve desejar recompensas, alegrias e surpresas boas. Deve alegrarse com tudo em volta, *mesmo que não seja assim*. Deve aceitar o dia como devemos viver a vida, isto é, um *dia de cada vez*, desejando o bem e louvando a todos.

*Para que foi feito o dia?*

O dia foi feito para o homem louvar a Deus e receber as bênçãos dEle com a família, com os entes queridos, e usufruir o trabalho de forma a poder ser feliz. Mas o homem trouxe muitos empecilhos, de forma que o dia ficou sem o louvor de Deus e sem as alegrias, tornando-se o homem escravo dele próprio. O dia precisa voltar a *brilhar* de novo na mente do homem.

*E quando é quase impossível manter esta paz devido às tribulações?*

Saibamos que nem sempre é possível, mas é desejável obter esse estado. É abrindo-se ao ardor de Deus que se consegue manter esta vibração alta.

*O que mais a respeito do dia?*

O dia deve ser vivido como se um *milagre* estivesse acontecendo. Sorria de felicidade pelo ar que se respira, pelos céus, pela terra. *Agradeça o tempo todo*, e a cada minuto observe o milagre de Deus.

*O que me diz de hoje?*

Devo dizer que descubra o que a faz sorrir, é só.

# DEUS

*Deus é um homem?*

Deus é mais que um homem. Deus é tudo. É acima de tudo.
Ele é amor, alegria, luz, bondade, paz...

*Ele é mais do que se pode compreender?*

Sim. É difícil para a mente compreender.

*Ele é morte?*

Não. Ele não é morte. Ele é vida. Ele é vibração, Ele é onda.

*Onde está Deus?*

Está em tudo. Ele está na célula. A célula é divina. Ela contém tudo. Contém a água, a árvore, a terra, o ar, tudo. Ela contém tudo e tudo a contém. Ela é sábia. Mas precisa ser lembrada de sua divindade. Precisa lembrar que é divina.

*Por que a célula precisa ser lembrada de sua divindade?*

A nossa memória fica permeada de vários acontecimentos na vida esquecendo-nos do mais puro que é o nosso ser. Quando ela é lembrada, então ela volta a ser o que sempre foi: luz e onipotência.

*Por que sentimos que Deus é tão severo?*

Deus não é severo. Ele é, antes de tudo, amoroso. Ele é altamente amoroso.

*Por que os céus são melhores que a Terra?*

É que o céu detém o amor de Deus e a Terra ainda se esquece Dele.

*Do que Deus gosta?*

Deus gosta de alegria, riso, sorriso, bem-estar, louvor, agradecimentos, pensamentos bons, desejos bons, união.

*Nós O veremos quando morrermos?*

Deus é ser, estar, sentir. Você o sentirá de forma inexplicável, com a certeza absoluta de que está com Ele. Isso é suficiente por ora.

*E Deus tem sentimentos?*

Sim. Ele tem sentimentos, desejos, vontade. Igual ao ser humano. O desejo de ser feliz que o ser humano tem é o mesmo desejo de Deus. O desejo de Deus é que ele, o ser humano, seja feliz. O sentimento de Deus é que o sentimento do ser humano seja igual ao Dele, impregnado de alegria, felicidade e paz.

*O que devemos pensar sobre os ensinamentos de Deus?*

Deve o ser humano sempre crer que tudo irá bem na sua vida. Deve ele sempre ter boas vibrações para cada pensamento que emitir. Desta forma, o universo responderá. Deve ele acreditar que está acima de qualquer obstáculo. Este é um dos ensinamentos de Deus. A isso chama-se FÉ.

*Então, os ensinamentos de Deus estão dentro de nós e não nos livros?*

Os ensinamentos de Deus estão dentro de cada um de nós e nos livros que se abriram à palavra de Deus.

*Diga-me um.*

O atendimento do Deus interior.

*Por que a maioria tem pensamentos tenebrosos?*

Porque a humanidade negou a Deus.

*Onde tudo começou?*

No começo dos tempos, mas também

começou quando o homem acreditou que era melhor que Deus.

*E o que fazer com esta torrente de pensamentos tenebrosos que toma conta da humanidade?*

É orar para que isso se limpe e acreditar que existe algo bem melhor para você.

*O que é a espiritualidade?*

A espiritualidade é o termo que se usa para definir o desejo do homem de ficar perto de Deus. É a Alma que chama o seu lugar de sempre, que é a sua centelha divina.

*Qual é o papel da espiritualidade em um projeto de vida?*

O desejo de amar a Deus é em si um projeto de vida. O homem deve incorporar o desejo de Deus em todas as 24 horas de cada dia de sua vida. É assim.

*É preciso abrir mão do material?*

É desnecessário abrir mão do material, mas é necessário que se atenha ao material com o objetivo divino, que é o da criação e não o da posse em si.

*O que é necessário fazer para incorporar a espiritualidade no dia-a-dia?*

É desnecessário ater-se de maneira formal à espiritualidade. Ela precisa ser vivida e não idolatrada. É através do *sentimento das emoções e palavras* que se vive a nossa espiritualidade.

*Como buscar esta espiritualidade?*

O ser humano nunca deixou de ter a sua busca, porque ele é um ser espiritual e a espiritualidade está no ser e ele nunca a perde. Ele já entendeu que é necessário reviver o que os antigos já sabiam para trazer de volta o que está dentro dele.

# ALEGRIA

*O que é ser alegre?*

Ser alegre é sentir um bem-estar, apesar dos problemas.

*E como ser alegre?*

A alegria faz parte do ser humano. Deve deixá-la vir naturalmente. Aceitá-la. Abraçá-la. E rir muito.

*Rir não é bobagem?*

O segredo da vida é ser feliz. Quem é feliz vive mais e vive bem. A alegria e o riso fazem parte deste segredo.

*E como conseguir a alegria?*

Alegria é ser e estar, não é ter. A alegria é própria do ser humano. Jamais a negue.

*Onde está a alegria?*

Em tudo e em todos. Em Deus, principalmente.

*Como fazer para que a alegria se instale na minha vida?*

Diga assim: "Meu Deus, que esta alegria se incorpore em minhas células de tal forma que eu não a negue e que ela possa ser a minha respiração de todos os dias. Que eu possa aceitá-la de forma fervorosa tal qual um bebê que olha encantado para o mundo". Assim é.

*Por exemplo, no dia-a-dia, como expressar a alegria?*

A alegria é ter sempre um sorriso nos lábios de forma a concordar com o outro de que a vida é bela. Ambos se sentem felizes por compartilhar o dia. O coração deve pulsar de forma a compartilhar esta alegria. É natural.

*E quando o outro ser humano
não se sente alegre?*

Então é estar alegre do mesmo jeito.
Ele vai gostar de ver você assim e vai
querer ser igual.

*Devemos forçar alegria?*

Forçar não é ser alegre. Forçar não é
natural do sentimento humano. O ser
humano já tem esta capacidade de ser
alegre. Se ele não se sente assim, é
porque ainda não deixou Deus agir na
vida dele.

*E quando a angústia, a preocupação
toma conta da pessoa e não há espaço
para alegria, o que fazer?*

Peça a Deus que tire esta angústia e
preocupação, e que instale a alegria
como um ato de fé a Ele, acreditando
que Ele fará por você, por aqueles ou
aquilo por quem ou por que você se
preocupa igualmente.

**ALIMENTAÇÃO**

*Por que o homem come o que não é bom para ele?*

O homem come aquilo que vê em primeiro lugar. Ele vê com os olhos e pensa no seu prazer imediato. E só depois então percebe que não era adequado para ele.

*Então, como fazer?*

Então o melhor é rezar para que cada alimento seja ingerido de forma correta, de forma que beneficiará o corpo. Inspirar e segurar a respiração imaginando o alimento já no corpo. Assim saberá se aquele alimento será bom para a sua alma.

*Mas e os que têm fome?*

Com os que têm fome é diferente. Eles comem para sobreviver. Falamos daquele cujo corpo já tem o alimento, mas abusa dele *para satisfazer* àquilo que o espírito e *somente o espírito pode satisfazer.*

### *O que se deve dizer antes de comer?*

Deve-se abençoar cada alimento e pedir a Deus que faça desse alimento uma substância que nutra o corpo e a alma de forma a restaurar as células e revigorar a saúde.

### *Dê-me um exemplo*

"Senhor, faça deste alimento a minha salvação de corpo e alma."

### *O que mais sobre o alimento?*

O alimento é a nossa fonte de energia não só do corpo, mas também influencia a alma. Quando o corpo está saturado e intoxicado, fica mais difícil chegar a Deus, pois o homem tem menos fluidez no pensamento. O corpo pesa, e a alma se sente aprisionada. O corpo é o lugar em que a alma cresce e evolui. É através do corpo que ela se manifesta e, portanto, o corpo é sagrado e precisa ser respeitado.

*O que significa" comer com os olhos"?*

Significa antes de tudo comer pelo mundo exterior. O alimento precisa ser bom para os órgãos internos e precisa ser bem recebido e os olhos muitas vezes não vêem pelo interno e sim pelo externo. É importante treinar o seu olho para enxergar o que está dentro, ou seja, o que o de dentro pede e não o que as aparências pedem.

*E como conectar-se com o interno na hora da refeição?*

É tão-somente pela oração. Um minuto de silêncio, sentindo se aquele alimento é o apropriado para você internamente. Sua sabedoria lhe dirá.

*Muitas vezes a fome não deixa.*

Então peça a Deus que abençoe o alimento que saciará a sua fome não só do corpo, mas do espírito também.

*E quanto ao abuso de comida?*

Ame-se em primeiro lugar. Exercite o corpo. Sinta o corpo. Faça uma oração e cuide dele como quem cuida de uma roupa. Não se satura a roupa com excesso de sabão, não é? Não se queima a roupa com excesso de calor do ferro. Não se despreza a roupa que se vai vestir e que o cobrirá. Assim é com o corpo. O corpo é sagrado e tem de ser cuidado como tal.

*Diga algo para nos livrarmos de uma intoxicação alimentar.*

Ore, reze para que o seu intestino absorva somente o que for bom para ele e elimine o resto. Ame-se e perdoe-se.

*Qual é o alimento especial para o homem?*

O alimento de Deus.

*E o alimento de Deus tira a fome física?*

O alimento de Deus revela aquilo que o homem precisa saber sem a interferência da comida.

*Mas a carne... não precisa se alimentar?*

A carne precisa do alimento de Deus e de poucos grãos e água, alguma coisa para sustentá-la. Coisas puras, dignas do homem.

**A ALMA**

*Por que a alma crê que o corpo é uma prisão?*

É devido ao desejo que ela tem de libertar-se dos limites corporais.

*É verdadeiro que o corpo é uma prisão?*

É em parte verdadeiro, mas em parte é uma ilusão, pois a alma pode se movimentar dentro do corpo.

(n.a.: a alma através da consciência pode se deslocar para outras dimensões)

*Então, é o corpo que vê isso?*

Na verdade é a sensação que a alma tem, pois o corpo parece limitado.

*Como a alma pode se movimentar dentro de corpo?*

Através do pensamento, através da

imaginação, através da sensação, através da meditação, através da oração.

*A alma pode visitar outros lugares, outras dimensões?*

Certamente que pode. A alma pode visitar infinitas dimensões.

*E o que é necessário para isso?*

Isso é permitido quando há objetivos espirituais e de cura.

*E o que se deve fazer para libertar a alma?*

Você pode orar, entrar em comunhão com Deus. Sentir o que ela necessita. Ficar atenta para as coisas maiores que a Terra. O amor, a compaixão, as virtudes são todas libertadoras da alma.

*Até onde ela pode ir?*

Ela deve ir até o infinito, ela é uma criação de Deus.

*Qual é o ponto do corpo em
que a alma está?*

A alma está em todo lugar do corpo.
Ela está nos sentidos e no ser mais profundo. Está no saber e no conhecer.
Ela é a divina essência e está no amor.
Ela simplesmente é.

*E quando ela se manifesta?*

Ela se abre quando você está com Deus.
Então ela se manifesta.

*Como se faz para expandi-la?*

A expansão é através do amor e das
coisas boas do dever do homem. Ela é
o ardor de viver a vida segundo Deus.

# ALMA GÊMEA

*Em nome de Deus, eu quero saber a verdade: o que é alma gêmea?*

A alma gêmea é ater-se a Deus, é o lado divino que se encontra em outra pessoa.

*Quantas almas gêmeas existem para cada pessoa?*

É deveras incompreensível, porque tanto pode ser uma, quanto mais de uma.

*Como se faz para encontrar um profundo relacionamento?*

Está você se adorando de tal forma que as pessoas queiram ficar ao seu lado?

*Como se faz para se ter esperança de encontrar o amor verdadeiro?*

Deve ater-se ao ardor da vida e ser aquela pessoa que deseja ser. Este destino de amor virá do ardor que você tiver pela vida. É assim.

*A alma gêmea nos completará?*

A alma gêmea tem como missão o ajudar você a completar a sua tarefa aqui na Terra.

*Todos têm uma alma gêmea?*

Todos devem ter, sim.

*E todos a encontrarão?*

Alguns levarão mais de uma vida para reencontrá-la. Na verdade, de alguma forma, as almas gêmeas se encontram ao longo da vida.

*Como saber quem é a sua alma gêmea?*

O saber nem sempre é importante. *O importante é acreditar que Deus lhe fala sobre todas as coisas através daqueles que o amam muito.*

*A alma gêmea traz a felicidade?*

A alma gêmea o completa de alguma forma e traz um reconhecimento da extrema felicidade que Deus deu a cada um de nós.

*Mas só podemos ser felizes*
*quando encontrarmos a alma gêmea?*

Ah, não, claro que não ! A alma gêmea é mais um ponto de encontro com Deus.

*Devemos sempre esperar por ela?*

Devemos sempre orar por nossas almas gêmeas, isso sim.

*Mesmo que ainda elas não tenham*
*vindo às nossas vidas?*

Sim. Principalmente.

**AMOR**

*O que há para se perceber no Amor?*

Há muito mais que o que o ser humano pensa, há mais no ato de amar, há mais no ato de ser. É uma troca de crescimento cada vez que você ama alguém. Você toca no âmago da humanidade, da terra, em tudo. O amor é uma emoção que deve ser utilizada diariamente pelo ser humano, pois ela tem um grande poder de transformação.

**AMOR DESVIADO**

*Amar demais, basicamente, o que é?*

Basicamente é a destruição do amor que aconteceu na infância e que ficou despercebido para depois ser despertado através de uma outra pessoa.

*Então, como se pode eliminar este amor destruído?*

O amor destruído não se elimina, mas se constrói, e a maneira de construir é amando a si próprio a tal ponto que ele se reconstrói por si mesmo.

*Então não é necessário fazer nada com o objeto amado?*

É claro que não. Aí entra o livre-arbítrio do outro. É apenas consigo mesmo.

*E se as forças dele forem negativas,
como vencer o amor destruído?*

É aí, então, que o seu amor-próprio é
maior do que tudo e vence os obstáculos dele também. É assim.

# ANGÚSTIA

*E o que você me diz sobre a angústia?*

A angústia é uma sensação ruim, de *impotência* frente aos problemas. É algo que não resolve, pois ela, a angústia, impede o pensamento claro das coisas. É uma sensação de atenção exagerada de alguma coisa que acabará se resolvendo por si só.

*Acabará resolvendo-se por si só?*

A pessoa tem que deixar a situação esclarecer-se por si própria e deixar de ater-se de forma muito tensa, como se só o seu pensamento pudesse resolver. A situação é altamente desejosa de oração, e a oração alivia a tensão.

*Como impedir o pensamento
negativo e repetitivo das
preocupações que dão angústia?*

Reze devagarzinho a Deus. Coloque o seu objetivo. O que você quer. Peça a Ele tudo, sem deixar nada. Inspire e respire, e veja que Deus pode tomar conta das preocupações melhor que você.

*E quando, mesmo assim, ainda há angústia?*

Então, é pedir a Deus que lhe dê a fé para acreditar em algo melhor para você.

*Vejo pessoas em que a angústia toma conta do corpo e parece bem maior que a própria pessoa. O que fazer?*

Deus está em todas as partes do corpo. O homem se esquece Dele e acredita que o pior é maior que Deus. Quando isso acontece, ele perde a fé. Quando perde a fé, o mal toma conta.

*E o que fazer?*

O melhor a fazer é orar e pedir a Deus que acenda uma luz onde a pessoa possa enxergar bem.

*Fale-me da oração sobre a angústia.*

"Senhor Deus! Em algum lugar que não posso enxergar, Você se encontra. Que a Sua luz se faça presente no meu corpo, mente e alma para que eu possa voltar a brilhar contigo!"

# ANSIEDADE

*Como lidar com a ansiedade?*

A ansiedade vem quando deixamos Deus de lado e aí ficamos sós.

*Para algumas pessoas é difícil controlar a ansiedade. O que nos aconselha?*

Quando você ficar ansiosa, repita a palavra *Deus* e se concentre no poder que Ele tem para trazer a você o melhor.

*E a ansiedade do dia? Como lidar com a ansiedade para resolver os problemas do dia?*

É levando o dia bem, acreditando que tudo será para o seu melhor. É ouvindo a palavra e as promessas de Deus.

*Que promessas foram essas?*

A promessa de que Ele cuidará e recompensará aquele que estiver com Ele sempre.

*Por que Ele recompensará quem estiver com Ele?*

Porque o homem foi feito à Sua imagem e semelhança. O homem pode se tornar uma imagem de Deus.

*E a ansiedade do futuro?*

Viva intensamente aquele minuto que você respira. É um presente de Deus.

*Devemos viver o presente?*

O aqui e agora é atender àquilo do momento e nada mais, e isso traz uma perspectiva do presente a ser vivido. É isso.

*Há alguma oração que podemos fazer
para controlar a ansiedade?*

"Nada temo. Nada devo. Nada me "
pré-ocupa". Tenho a certeza de que
tudo que me pertence já está comigo."

**O ARDOR DA VIDA**

*Qual é o primeiro passo para criar a vida com ardor?*

É o desejo de ater-se a Deus.

*Qual é o segundo passo?*

O de ater-se aos desejos dos humanos, isto é, realizá-los.

*Qual é a ponte para isso?*

O desejo de ater-se aos ensinamentos Dele.

*Como saber exatamente quais são os ensinamentos Dele?*

Abra-se para Ele e saberá.

*Fale-me de estar preparado para a vida.*

É olhar para o melhor, sempre. A dúvida surge porque ficamos somente nos desejos humanos, *mas existe algo mais profundo* que pode nos ensinar para ter esta felicidade.

*E por que nos boicotamos?*

Os boicotes são uma falta de crença e amor-próprio, como se os desejos fossem ruins, quando na verdade não nos sentimos interessados em atendê-los.

*Por que não estamos interessados em atender aos nossos desejos?*

Porque, muitas vezes, acreditamos que não merecemos satisfazê-los.

*E como fazer por merecer?*

É você ficar consciente de que é filho de Deus feito à Sua semelhança e, como tal, merecedor de toda a felicidade.

*E como vencemos isso?*

É atendendo aos desígnios de Deus e abrindo-se de forma alerta para perceber como e por que nos tornamos inimigos de nós mesmos.

*O que a pessoa pode dizer para
aumentar sua auto-estima?*

"Senhor, faça-me à tua semelhança em
alma, pensamento e corpo. Assim seja."

*E o que me diz da baixa auto-estima
e de quem gosta de sofrer?*

O sentimento de quem tem baixa
auto-estima é de inadequação e fracasso. O masoquista tem o mesmo
sentimento. Ambos fazem muito, mas
não realizam porque fazem pelos outros. Ambos precisam fazer por si próprio e cuidar do que é seu. Precisam
antes de tudo se amar muito. Quando
sentirem a vergonha, precisam se abra-
çar e reconhecer o sofrimento, mas não
escondê-lo através da comida. Ou através da vitimização. Precisam reconhecer a força que têm, que é a raiva con-
tida e, ao invés de contê-la, precisam
criar. Escrever. Fazer. Gritar. Correr. Ex-

pandir o corpo. Precisam encarar o sofrimento de forma altruísta e corporal.

*Precisamos da auto-estima para vencer?*

A auto-estima é essencial para viver bem a vida. Tem a ver com a aceitação de Deus dentro de você.

# BELEZA

*Devemos nos preocupar com a nossa aparência física?*

Devemos em primeiro lugar nos preocupar com a nossa beleza interior, com a nossa alegria interna, com a nossa conexão com Deus. *Desta beleza nascerá o desejo de refleti-la exteriormente.* Você saberá o que fazer para se tornar mais bela cada vez que tiver Deus no coração.

*E quando a pessoa se achar feia fisicamente?*

Então, aí ela precisa aprender que o belo é sentir-se belo. Se ela começar a sentir-se bonita, toda a humanidade também assim a verá. A beleza tem algo de misterioso. *Ela se entrega para quem se acha com ela.*

*É pecado querer ser bonita?*

Não é pecado, não. Mas é importante não acreditar que só a beleza externa lhe trará alegrias. A principal alegria vem de Deus.

# CRIANÇA

*O que quer dizer "tornarmo-nos crianças para entrar no reino de Deus", como ensinou Jesus?*

Quer dizer que o homem precisa ser puro, no âmago do seu ser. Desta forma, ele reflete a sua verdadeira essência. A criança é inocente. Deslumbramo-nos com esta inocência. Amamos a isso e gostamos de ficar junto dela. As crianças são confiantes. E Deus nos quer assim.

*E como tornarmo-nos crianças uma vez que nosso ser está cheio de preocupações, atribulações e mágoas?*

O ser humano tem a flexibilidade para lembrar-se dos seus tempos de inocência e confiança, e trazer isso para Deus.

*Quando devemos deixar "esta criança" agir?*

Sempre. A criança é pura, inocente, alegre e verdadeira. A criança deve agir sempre dentro do coração do homem.

*E como devemos agir com as crianças?*

Devemos amá-las de forma incondicional. Devemos mostrar a elas o mundo de forma amorosa sempre com Deus. Devemos instruí-las a ser obedientes a Deus e aos pais. Como pais devemos nos ver em posse temporária de jóias valiosas. *É um empréstimo de Deus.*

*E os que maltratam as crianças?*

Os que maltratam as crianças serão julgados por Deus. Significa que esses não têm amor-próprio, porque não se sentiram amados e com isso perpetuam a sua dor no outro.

*E o que se pode fazer?*

Pode-se orar por aquele ser pequenino para que Deus intervenha de forma a isso não mais continuar. Pode-se orar para saber qual é o passo certo e se você poderá agir a favor do abusado.

*Isso não é automático? Não deveríamos agir a favor do abusado?*

Isso não é automático. Isso tem a ver com Deus e a história de cada um.

**CRISTO**

*É possível que o ser humano se sinta "perseguido" como Cristo?*

De alguma forma, o Cristo está em todos nós. Ficou um resquício do sofrimento dele em cada um de nós. Enquanto o homem negar a Deus, isso será verdadeiro.

*Mas se não negarmos a Deus e o outro negar, corremos o risco de sermos perseguidos?*

Sim. Mas a diferença é que Deus está com você.

*Então, o como agir?*

A melhor forma de agir é estar sempre com Deus.

*Quem foi Cristo?*

Cristo foi um mensageiro de Deus, o

próprio Deus em forma de homem, o Seu filho, Ele mesmo.

*Devemos pedir a Ele, Cristo?*

Devemos pedir ao Cristo, sim. Ele é a simbologia do amor, da abnegação, da compaixão, do enorme amor que Deus tem pela humanidade.

*Devemos sofrer como ele?*

Não foi isso que Ele ensinou. Ele veio para lembrar ao homem de Deus.

*Porém o homem continua negando a Deus.*

O homem continua negando a Deus e aí está a origem de todo sofrimento.

# CULPA

*O que é a culpa?*

A culpa é ater-se àquilo que deve ser desejado.

*Não entendi.*

Culpa é você se abster de realizar as coisas boas porque no fundo crê que elas não são para você. Isto é, você deseja, mas não faz.

*Mas e se sentir culpado por alguém...*

Então, é ater-se aos desejos daquela pessoa para amenizar a culpa.

*De onde vem a culpa?*

A culpa vem de antigamente, quando o homem tinha que se sentir culpado para poder desejar as coisas.

*Como assim?*

O homem necessitava de um tipo de aterrorização para que ele não se desencalhasse totalmente e a culpa era uma maneira de ele se assegurar de que seu instinto precisava de freios.

*Isso foi bom ou ruim?*

Isso não foi bom ou ruim. Foi a maneira que o homem sentiu para realmente se educar e as religiões vieram depois ajudar neste tipo de sentimento, pois seguram a pessoa.

*De onde vem tanta culpa em relação aos filhos?*

Na educação dos filhos vem do terror de errar e, portanto, tudo tem que ser bem controlado e punido se não for assim.

*Como se livrar do sentimento da culpa?*

Uma das maneiras é você entender que o homem é divino e, portanto, não faz as coisas por mal, e sendo assim não deve se sentir culpado.

*E se a pessoa acreditar-se divina e continuar a ter culpa?*

Então é pedir a Deus que esclareça aquele ponto em que a pessoa se sente culpada para desvendar o que está por trás.

*E se a pessoa cometer erros propositadamente porque acredita ser divina?*

Bem, se a pessoa acredita ser divina dificilmente ela cometerá erros.

*Por quê?*

Porque ela estará sempre com Deus.

*E quando a culpa for verdadeira?*

Então, é pedir perdão. É redimir-se dos pecados. É refazer o que necessita ser refeito.

*E quando isso não for possível?*

Deus sempre encontra uma maneira quando a vontade do homem é sincera.

*Existe relação direta de culpa e auto-estima?*

Creio que sim, pois quanto mais a pessoa se amar, mais ela acredita que merece o melhor e que não carrega nenhum peso.

*A culpa está ligada a quê?*

A culpa está ligada a um desejo de ser absolvido de uma tarefa "não merecedora".

*Explique.*

Você não se sente merecedora da felicidade. Então, encontra algo que a faça sentir-se culpada. Desta forma, a culpa está ligada a um desejo de ser "absolvida" por algo que você não se acha merecedora.

*Absolvido de quê, se a pessoa não cometeu o erro?*

É assim. É originário do dever do homem.

*Mas é necessário que o homem se sinta assim para cumprir o dever?*

Em verdade, a culpa é apenas uma maneira de o homem se abster de amar a si próprio.

*Mas o dever precisa ser cumprido?*

O dever precisa ser cumprido *não pela dor, mas pelo amor.*

# DECEPÇÃO

*E o que é a decepção?*

Decepção é o autodesejo de abster-se do erro, mas o erro é inerente ao ser humano. E deve o ser humano sempre aceitar que a vida é feita de erros.

*Por que nos decepcionamos conosco primeiro?*

É por querer demonstrar a nossa perfeição ao mundo.

*O que a decepção ensina?*

A decepção nos ensina a atermo-nos ao amor de nós mesmos e nos leva a introspectar o que é que estamos exigindo de nós mesmos.

*Por que tanto o desejo de agradar?*

É porque o desejo de agradar vem do

desejo de sermos amados. Portanto, a decepção é apenas frustração nesta busca de amor.

*E a decepção com outros?*

Então, é o desejo do amor dos outros para conosco e se isso não acontece, nós nos decepcionamos. Isto é, não nos sentimos amados. A decepção é apenas um grau longe do amor-próprio. É só.

*O que fazer quando nos decepcionamos com os outros?*

O melhor a fazer é se questionar onde que dói e o que é que aquela pessoa está deixando de fazer por nós que nos incomoda tanto. Se queremos o amor e respeito daquela pessoa e ela não nos dá, nada podemos fazer por ora. *Será uma lição para que busquemos esse amor e respeito em nós mesmos, apesar do outro.* Um grande ato de amor-próprio.

*O que podemos esperar do outro
quando fazemos algo por ele? Nada?*

Na verdade, de fato não é bem assim.
É que a pessoa necessita merecer a
ajuda e, então, quando ela não a merece, não sabe devolver.

*Quando a pessoa não sabe
devolver o que acontece?*

Ela devolve a você aquilo que ela passou
na vida e o que sentiu na vida, principalmente quando ela não pôde receber.

*Não entendi.*

Como alguém que não soube receber
direito.

*E a gente pode cobrar?*

Deve desligar-se de qualquer cobran-
ça e não esperar nada. É assim.

*Isso não é injusto?*

É o Universo que dá de volta e não a
pessoa.

# DECISÃO

*Como tomar decisões na vida?*

Em primeiro lugar, buscar a Deus. Cada passo que você der, será acompanhado do Dele. As suas decisões serão tomadas com Ele. Nada tema.

*E quando não conseguirmos enxergar esses passos?*

Então é orar e pedir a Deus que lhe mostre de uma maneira clara através dos sonhos, das pessoas, dos acontecimentos qual é o seu próximo passo.

*Por que decidir é tão difícil para algumas pessoas?*

É que decidir para o homem é tomar um rumo que ele não sabe o final.

*Mas do rumo em que o homem está também não se sabe o final.*

Exato. Só que ele quer acertar, da forma que seja melhor.

*Então, qual é a oração para decisões entre duas coisas?*

"Deus meu. Que o caminho mais certo para mim se abra neste momento."

*Por que o homem se encontra sempre entre duas coisas?*

Porque ele tem muitas opções na vida, mas só consegue enxergar duas coisas.

*Sendo assim, não é confuso?*

Sendo assim, ele deve buscar sempre o que é melhor para si. E isso sempre se faz com Deus do seu lado.

*Mudar é bom ou é ruim?*

Mudar é sempre melhor, porque altera a visão do homem para outras coisas e coisas novas.

# DEPRESSÃO

*Hoje em dia fala-se muito em depressão. O que é depressão e por que tantas pessoas sofrem desse mal?*

Depressão é uma força que o homem se utiliza para não enfrentar aquilo que ele necessita enfrentar.

*Mas muitas vezes a depressão é quase que impossível de vencer...*

A depressão é possível de vencer quando se chama a Deus pra combatê-la. Ela é a ausência da fé. Depressão é a negação de Deus.

# DESÂNIMO

*O que me diz do desânimo?*

O desânimo nada mais é do que a falta de acreditar que tudo irá bem, apesar das aparências.

*Mas por que ele existe em muitas pessoas?*

Porque estas pessoas estão presas em crenças que não são divinas.

*Que crenças são essas?*

As pessoas estão presas nos temores, nas dúvidas, nas incertezas, nas tristezas, nas culpas, nos amores sem olhar para Deus.

*Explique mais.*

Desânimo é uma saída para as pessoas que não vêem saída. É o refúgio para quem desistiu de lutar. É para aquele que não acredita em mais um dia. Aquele que acha tudo igual. Ele deixou a força e a descrença dominá-lo e nada enxerga além disso. Mas as coisas não precisam ser assim. Todo dia é um novo dia que pode trazer maravilhas para você. Não se pode acreditar que tudo é a mesma coisa. A força vem de dentro, vem de Deus e há uma saída para tudo. Acreditar no melhor é apenas uma maneira.

*E quando nada acontece de bom na vida da pessoa?*

Então é trazer Deus para a vida da pessoa para que as coisas boas comecem a acontecer.

# DESENTENDIMENTO

*Por que existe tanto desentendimento entre os homens?*

Porque os homens crêem que a vida é uma luta onde há vencedores e perdedores. A vida não é assim.

*E como é a vida?*

A vida é alegria, é união, é bom humor. Não há ganhadores ou perdedores. Todos ganham e todos perdem. São todos iguais.

*Mas nem sempre é assim. Há os que ganham muito e os homens não se entendem por isso. Não é certo?*

Não é certo.

*E as guerras são fruto de quê?*

As guerras são frutos de uma ilusão de poder, de uma crença de que o outro é seu inimigo. É a falta de respeito pela vida em si. É colocar os interesses do homem antes dos interesses de Deus.

# DESESPERO

*O desespero é assustador. Muitas pessoas se sentem assim. O que dizer, fazer, para que o desespero se vá, de vez?*

Ajoelhe-se. Peça a Deus que lhe tire esse espírito do temor e da confusão. Peça a Deus que lhe restaure a confiança Nele. Peça a Deus que a ajude a se livrar para sempre do turbilhão inútil e mentiroso que é o desespero.

*O desespero então é um turbilhão inútil e mentiroso? Como isso se instala na vida das pessoas?*

Ele vem devagarzinho, iludindo a pessoa de que a vida não é boa, de que nada adianta, de que nada vai mudar. Isso é verdadeiro quando se confia somente nos homens, mas com Deus é diferente. *O homem instalou a sua verdade e a sua vontade num mundo onde ele crê que só ele tem todas as respostas.*

*Há influência de antepassados?*

Há influência de antepassados, há influência das pessoas que estão juntas, há influência do seu redor. O homem necessita buscar a Deus antes de tudo e buscar um ambiente agradável para ele sempre que puder. Quando não puder, transformar este ambiente, ele mesmo.

*Como se transforma o ambiente?*

Através da oração.

*Fale-me desta oração. Como ela é?*

"Ó Deus. Atormenta-me uma nuvem escura que envolve o meu pensamento e me faz ficar cego. Limpe-a do meu caminho para que os meus olhos possam enxergá-Lo. Eu sei que quando O vir, tudo se clareará."

**DESTINO**

*O que é destino?*

O destino deve atender às expectativas de cada pessoa. O destino existe na medida em que a pessoa fica entre o que é da pessoa e o que não é dela.
O destino é a destruição do homem se ele destituir-se de sua vontade.

*Então por que se acreditou em destino?*

É deveras destruidor acreditar que o destino comanda e isso vem dos tempos em que as pessoas deixavam de ter poder sobre suas próprias vidas.

*O destino existe ou não existe?*

O destino de fato - sem a vontade do homem - existe. O destino deixa de existir quando o homem se apóia no seu poder de mudar. O destino é o que o homem percebe como deveras pesado e muito além de suas forças enquanto que o destino é muito mais que isso. Ele é, além de tudo, *direções que apontam o crescimento do homem* e deve o homem se ater a ele *para um auto-conhecimento*. De certa forma, ele pode ser o dever de cada um se cuidar. Por exemplo, se você se acha feia, então mude o destino negativo. Mude aquilo que a incomoda. Acreditando que você pode mudá-lo.

*Em que forças o destino atua?*

Nas forças externas, nas tendências de outras pessoas, nas influências. O destino é algo que as pessoas trazem de muito tempo, mas algo que deve desejar mudança. Isso porque desejar a mudança é melhor para as coisas da vida e esta mudança pode existir.

*E a doenças genéticas?*

Significam a destruição do homem, e aí é possível que o destino atue.

*Explique*

Doenças genéticas são as escolhas feitas de cada um.

*E o que é destino de Deus?*

Então, aí já é diferente. É a colocação do divino no homem.

*É verdadeiro que carregamos o destino dos outros?*

É verdade sim, mas podemos nos desvencilhar.

*E por que fazemos isso?*

O ser humano é uma só consciência. Ele pode, de alguma forma, estar repetindo o que não é seu.

*Existe algo "escrito nas estrelas?".*

De fato existe algo que está escrito nas estrelas, mas que faz parte de um todo e a vontade do homem é maior. Deve você se ater ao fato de que o destino é algo que todos nós carregamos, mas que a nossa força de vontade poderá eliminar o que é negativo.

*O que acontece quando há acidentes?*

Em muitos casos, é o desejo de alguém que venceu o desejo dos outros. Podem significar a falta de amor-próprio da pessoa ou, quando é do outro, pode existir a lei da atração.

*O que é a lei da atração?*

É quando você se deixa atrair por aquilo que não é seu, justamente porque você não está com você mesma.

*Como pode o desejo de alguém influenciar o desejo dos outros?*

É que a pessoa pode estar desligada das forças naturais...Maiores...

*E os casos de morte prematura?*

Nestes casos é ainda a escolha da alma.

*E os acidentes de criança?*

De fato também o é.

*E acidentes coletivos, como ficam?*

Neste caso, então, o desejo das forças superiores estão em jogo e você faz parte deles.

*Consciente ou inconsciente?*

Consciente de alguma forma.

*E no caso das torres gêmeas dos EUA?*

Ali houve deveras um acordo entre

aqueles que sabiam que deveriam morrer por uma causa nobre.

*Qual seria a causa nobre?*
A destruição dos males...

*Podemos saber mais?*
É importante que se saiba que ali houve um acordo.

# DIFICULDADES

*Como lidar com as dificuldades?*

É dever de cada um olhar para as dificuldades com ardor da vida, isto é, como algo que precisa ser desvendado, como algo a ser resolvido, sem grandes perdas ou dores. As dificuldades devem ser levadas com leveza e com a aceitação de que elas são pequenas diante de Deus.

*Como vencê-las?*

As dificuldades são uma lição para o homem aprender a lidar com o poder que tem sobre a sua própria vida. É uma maneira *de provocar a sua* fé em Deus. Claro que ele não deve se acomodar e acreditar que tudo virá fácil. Ele precisa lutar. Mas é assim: Deus guia o caminho e o homem segue atrás. É preciso que o homem se movimente para vencer as dificuldades. Mas sempre com Deus.

*E por que elas existem?*

Novamente para que o homem aprenda a lição de que ele precisa sobre a vida, sobre ele mesmo, sobre suas limitações.

*Elas atuam como uma punição no homem?*

Elas não são uma punição no homem. Elas são a própria criação do homem. As dificuldades são a dúvida do homem. São a forma de viver a vida não acreditando em Deus. Pois se você acredita em Deus e que Ele guiará seu caminho, que dificuldade terá?

*Qual é o primeiro passo para lidar com as dificuldades?*

O primeiro passo é entender que se elas existem, de fato, existem para serem superadas. Apenas isso.

*Ter medo das dificuldades é
sentir-se impotente?*

De alguma forma as dificuldades vêm
para que o homem liberte-se desta impotência.

*De onde vem essa impotência?*

Essa impotência vem de acreditar que
ele é apenas mais um. Que ele é um
boneco nas mãos dos outros. Que a
força vem dos homens.

*De onde, então, vem a força?*

A força vem de Deus. Unicamente de
Deus.

# DROGAS

*O que você me diz das drogas?*

As drogas deixam o homem sem decisão devido a que existe uma alteração ardorosa no seu campo. Atém-se ao irreal, afastando-se da realidade e fica a mercê das reações químicas, perdendo o controle da vida como ela poderia ser.

*O que fazer para prevenir?*

Atendendo às necessidades de cada um.

*Explique.*

As drogas vêm preencher um vazio. O vazio da vida, o vazio da família, o vazio do amor, o vazio da injustiça, o vazio da impotência. As drogas são uma forma de o homem fugir daquilo que ele mais teme, que é a sua realidade.

*Então é apenas enfrentar a realidade?*

Veja como é isso. Se o homem não enfrentar a realidade ele terá de fazê-lo por fim para curar-se das drogas. Então, tudo resulta numa coisa só.

*Mas por que o homem tem o desejo das drogas?*

É que elas atenuam *temporariamente* aquilo que lhe traz a dor. Então, o homem começa a dar o seu poder às drogas e aí, depois, elas deixam de atenuar a dor *através do prazer, porque ela não consegue sustentar esse prazer.* Então fica só a dor em grau mais profundo. A dor anterior e a dor do vício da droga.

*Então é uma armadilha?*

É uma armadilha. É a destruição do homem.

*E as ervas-drogas? O que me diz delas,
são prejudiciais ou não?*

A questão toda é complexa. A erva,
para quem estiver muito bem preparado, poderia ajudar na abertura
de outras portas. Mas o ser humano
utiliza a erva como uma dependên-
cia, e eliminou o sagrado teor dos
antigos.

*Vocês recomendam a erva-droga?*

Não recomendamos que o ser humano saia de sua consciência para ingerir
a erva. Não se trata disso. Trata-se de
que, muitos homens, para abrir-se ao
espiritual é necessário existir uma alteração da consciência. Antigamente, com
grande sabedoria, usavam-se ervas. Mas
esta alteração de consciência pode e
deve ser feita de forma diferente. Ela
deveria ater-se ao ardor do ser humano, mas o homem não sabe utilizá-la.

*Quem sabe ou quem soube?*

Várias civilizações souberam utilizar a erva de forma a crescer espiritualmente.

*Então é preciso "ervas" para se crescer espiritualmente? E como elas "abrem portas"?*

Não se precisa delas para o crescimento espiritual, mas elas podem, se usadas corretamente, abrir o caminho da dúvida de que não há nada além da terra-terra e deixa claro que há e que é bom. O uso disso é sagrado e só pode ser utilizado se for para o crescimento emocional e espiritual.

*É difícil ver alguém espiritualmente crescer com ervas hoje em dia. Sempre tive isso como um "entorpecente" e não "crescimento".*

É, de fato, a destruição é grande demais e o ardor disso é alterado. É que o homem de fato se entorpeceu, de forma a não querer enxergar a verdade.

# DÚVIDAS

*Como lidar com as dúvidas?*

As dúvidas são a destruição do homem. As dúvidas são a dor que o homem tem de se realizar divinamente. Não é preciso ter dúvidas quando se tem Deus no coração. A dúvida leva o homem a não fazer o que precisa ser feito. Aquilo que não for bom será logo desviado do seu caminho, portanto, dúvidas são apenas a incerteza de que o homem tem de si mesmo.

*O que se faz quando surge uma dúvida?*

Ora-se pela questão e seguem-se os passos do coração. A pessoa sentirá se aquilo é o caminho certo.

*E quando é dúvida entre duas coisas?*

Então significa que a dúvida está na própria pessoa e não nas coisas. São divisões dele mesmo que trazem a dúvida entre duas coisas. A escolha só poderá acontecer quando o homem se tornar mais inteiro.

# EMOÇÃO

*Por que a emoção não tem idade?*

É deveras. A emoção não tem idade porque ela permanece no corpo, independentemente do tempo.

*Como assim?*

A emoção é algo em que o corpo fica ligado como se fosse parte dele. Quando acontece algo que pode ativar as emoções que já estão no corpo, tudo é sentido novamente.

*Por quê?*

Porque ela é mais forte que o tempo. Ela não tem a ver com o tempo.

*E quando ela se cura?*

A emoção se cura pela transformação. Ao invés da emoção da tristeza, por exemplo, virá a emoção da alegria.

*E como transformamos as nossas emoções?*

Acreditando que merecemos o melhor e percebendo o mundo de um ponto de vista alegre e confiante.

*E se a emoção for maior?*

Então, é perceber onde ela nos impede de crescer.

*Qual é a diferença entre emoção e sentimento?*

A emoção é sentida mais temporariamente, enquanto que o sentimento é guardado como se a emoção o provocasse. A dor da emoção é a mesma do sentimento, embora a emoção, que é um viver ativo, seja de fato quem abre o sentimento.

# ENERGIAS

*Fala-se tanto em energia. O que é energia?*

Energia é feita de um material fluídico e um material que se dilui e que se move e, portanto, a energia é algo sentido facilmente.

Energia é o ardor de viver. É um campo eletromagnético que vibra em altas freqüências com o desejo de realizar-se. Para realizar-se, ela precisa estar sempre vibrando bem.

*Ela é perigosa?*

Não. Ela é altamente amorosa e atém-se sempre ao bem.

*Por quê?*

Devido ao fato de ela ser uma conexão com a espiritualidade. É a energia pela qual viemos logo ao nascer. O desejo é de união.

*Por que as energias se atraem?*

É devido ao desejo igual que elas têm.

*Como?*

O desejo é a mola do impulso da atração e a energia se atrai no outro que vibra do mesmo jeito.

*Então é isso? É através de energias semelhantes?*

É, a energia se alastra e, se "acha" semelhantes, se atrai.

*Tanto positivo quanto negativo?*

Aceito que deveras deve ocorrer tanto positivo quanto negativo, mas a energia é sábia e procura o melhor para ela.

*Fale-me sobre a perda da energia.*

A perda da energia é algo que atrai o desejo de abrir-se e de não conseguir abrir-se.

*Então desejos insatisfeitos perdem energia.*

Desejos não realizados podem frustrar a pessoa de tal forma que ela se atém ao desamor e à frustração, perdendo, portanto, energia.

*Neste caso, se eu não ouso ater-me aos desejos, como fica a minha energia?*

É aí que está o desejo de verdade. Qual é o seu desejo verdadeiro? É essa a pergunta que todos devem se fazer.

*Dê me algumas frases.*

É antes de tudo se amar e se libertar do negativo da pessoa.

*Como não se deixar ser sugado?*

É através deste tipo de reação de amar-se e libertar-se do negativo.

# A ESPERA

*E por que a espera é longa?*

A espera é longa porque o ser humano é ainda destituído do seu poder de Deus.

*E como fazer para ter esse poder de Deus?*

É acreditar pura e simplesmente.

*Não é difícil acreditar nas pessoas?*

Sua crença é em Deus.

*Então chamamos Deus a cada minuto, a cada segundo?*

Em todas as 24 horas, sim senhora.

# ÊXITO

*O que é êxito?*

Êxito é quando o ser humano sente-se alinhado com o universo de forma a realizar as coisas que ele deseja e sonha de forma vitoriosa.

*Mas o êxito já não é vencer?*

O êxito é vencer, mas para vencer ele tem que ter a sensação de vencer.

*Então é só sonhar e tenho direito de realizar?*

Todo ser humano tem o direito de se realizar através dos seus sonhos.

*Independentemente de quais sejam os sonhos?*

Todo ser humano tem o direito de se realizar independentemente dos sonhos, desde que nesses sonhos haja o bem para ele mesmo e para todos.

*E essa crença de que não podemos ou devemos ser melhores do que ninguém?*

Essa é uma crença que vem de muito longe, de onde todos os seres necessitam ser iguais. De certa forma ela tem o seu fundo de verdade, mas cabe a cada um vencer.

*O que impede alguém de ter êxito?*

O que impede a pessoa de ter êxito é carregar o peso do outro com uma sensação de culpa. É achar que não é merecedor do êxito. É a preocupação excessiva com as pessoas.

*De onde vem a sensação do fracasso?*

O fracasso é uma sensação de que ele não merece e que não deve ou não pode conseguir vencer na vida. Vem do poder de outras pessoas, vem da submissão a que o ser humano se colocou para agradar grandes entidades.

*Quem são essas entidades?*

Foram nossos pais, a religião, a sociedade, algum chefe poderoso.

*Mas hoje já não temos isso e ainda assim temos a sensação do fracasso.*

Essa sensação perdura através dos tempos naquilo que chamamos de consciência coletiva, até que as pessoas se conscientizem e mudem essa sensação.

*E como mudar essa sensação?*

Comece acreditando que você tem condições para mudar e que você pode vencer.

*Há diferença entre "sucesso" e êxito?*

Acreditamos que sucesso é o resultado maior e êxito é um sentimento.

*Como começar a ter êxito?*

É acreditando que você pode.

# FAMÍLIA

*O que se deve dizer sobre energias e família?*

Deve-se dizer que a família é o aglomerado de energias que devem estar bem para se relacionarem bem.

*E sobre os destinos da família?*

Que os destinos são abertos, mas há aqueles que carregam os destinos dos outros devido às várias circunstâncias e é necessário curar isso.

*E o que está acontecendo com as famílias? Por que tanta desunião?*

O amor das famílias está se alterando pelas necessidades individuais de cada um, esquecendo-se do vínculo mais forte que é o amor à família.

*Que mais?*

Devo dizer que a família é o primeiro laço e o espelho que a criança tem no mundo e no mundo das drogas, e em outras distrações. O importante é a busca da identidade não encontrada. Uma coisa assim: o amor da família é absolutamente o primeiro amor que temos e significa muito.

**FÉ**

*Como desenvolver a fé?*

A fé é inerente ao homem. Ele apenas precisa revivê-la.

*Como revivê-la?*

Você terá oportunidades todos os dias. Cada minuto é uma prova de sua fé ao manter a sua vibração e alegria, amorosamente.

*Como Deus quer que seja a nossa fé?*

Deus quer que se viva bem e que se seja feliz. Deus quer que se creia que Ele está bem perto de cada um de vocês. Deus quer que se confie completamente Nele. Deus quer que não haja dúvidas. Deus quer que haja amor entre os seres.

*Fé é passar o dia orando?*

Fé é orar, pedir, crer, amar e ser.

*De onde vem a fé?*

A fé vem de Deus.

*A fé pode ser explicada?*

A fé precisa ser vivida e sentida, e não explicada.

*Diga algo para fortalecer a fé.*

É acreditar no Bem maior que existe para ou em cada ser humano.

*E quando há muitas tribulações?*

É que ainda não houve entrega a Deus.

*Entregar é esperar?*

Entregar é confiar que já está sendo realizado.

*Só isso? O homem nada precisa fazer?*

O homem precisa fazer tudo para viver bem, mas o mais importante é ter a fé em que ele, como filho de Deus, pode viver bem.

**FELICIDADE**

*A felicidade é difícil de ser alcançada?*

A felicidade é atender aos desejos de Deus e depois os do homem. Felicidade é união e alegria. É a aceitação do dia como uma bênção de Deus. É a glorificação da vida. É aceitar de forma convicta que o Bem virá. Não é a entrega submissa da derrota nem a luta acirrada da vitória. É simplesmente um aceitar de convicção interna de que o Bem existe e será seu.

É também o agradecimento por tudo que você já tem e por tudo que virá para você. É conseguir enxergar o melhor naquilo que parece não ser o melhor. É um otimismo realista. É a concretização do sonho na Terra.

*Qual é o primeiro passo para se encontrar a felicidade?*

O primeiro passo é servir a Deus. Entender de Suas leis e o que Ele pede a todo ser humano. É aceitar a condição humana da vida sem se deixar esmorecer por isso. É atender aos deveres de Deus. É louvá-Lo.

*E o segundo passo?*

O segundo é acreditar e ter fé. É ter a certeza interna de que a vida é boa e merece ser vivida de forma boa. É entender que o ser humano pode usar o melhor que ele tem sempre e fazer disso uma grande alegria.

*E a felicidade no trabalho, é possível?*

É possível estar bem. É importante que você entenda o que é seu e o que é do outro. Não se envolver com o que não é seu.

*Ainda assim, tudo me parece abstrato.*

É bem verdade que o homem prefere não acreditar nas coisas mais simples. Felicidade é simplicidade.

# FILHOS

*E os filhos, como devemos tratá-los?*

Como bens preciosos que necessitam de cuidados até que cresçam e possam cuidar de si. Então, continuam um bem precioso que já não pertencem mais a você.

*E quando erramos com eles?*

Quando erramos, o melhor é reconhecer isso e não ficar se punindo, mas tentar através do presente, e do viver, trazer de volta o que foi negado.

*E quando trazer de volta é impossível?*

Então, é orar e acreditar que o erro está sendo reparado de alguma outra maneira.

*E quando nos preocupamos muito com eles?*

A preocupação não traz benefícios para os filhos nem para a mente de quem a ocupa. A preocupação é uma forma de se abster do que necessita ser feito. É mais fácil ocupar a mente com preocupação do que buscar uma solução na prática.

*E quando os filhos não respeitam os pais?*

Então, isso não é bom. Os filhos precisam honrar os pais de forma que eles possam ser honrados quando forem pais também.

*Por que alguns pais se apegam tanto aos filhos não os deixando livres?*

Porque o filho é uma parte viva dos pais. *Porque os pais acreditam que podem corrigir seus erros através dos fi-*

*lhos.* Porque há um grande amor por ter gerado aquele ser. Porque dedicaram muitos anos àquele ser. *Porque os filhos são uma prova da capacidade do homem de amar tanto.*

*O que mais me diz dos filhos?*

Apenas isso. *Os filhos são o amor de Deus por você.*

# FORÇA DE VONTADE

*Sobre a Força de Vontade.*

Sempre se ater ao divino e confiar na força da vontade, porém o homem precisa se abrir de forma altruísta e não egoísta. Elevar o que é bom no outro.

*Como se faz para ter força de vontade?*

É acreditar sempre no Bem maior.

# FUTURO

*O que é o futuro?*

Futuro é a ilusão do homem de que ele é eterno na Terra.

*Como assim?*

O futuro é algo longe, do qual o homem se ocupa para não enxergar o que vai no presente.

*Então futuro é algo ruim?*

Não é ruim. Ele apenas existe, mas não pode ser vivido inteiramente no presente. *Não pode ser vivido em lugar do presente*. O futuro é um presente de Deus para ser vivido quando chegar. É uma promessa que se perde, se descoberta agora. É um presente que se aberto deixa de ser presente.

*Então não devemos nos preocupar
com o futuro?*

Acontece que deve você destituir-se de
qualquer temor devido a que o futuro é
ainda uma doce atitude de que se alimenta
o homem, já que ele tem medo
de destruir a sua eternidade.

*Por que o homem gosta tanto de
planejar o futuro?*

Porque assim ele se ocupa de algo que
ainda não tem.

# GANÂNCIA

*Por que existe a ganância?*

Os homens acreditam que a posse material os leva à felicidade. Os homens acreditam que ter mais é ser mais. Então isso leva à ganância.

*De onde vem isso?*

Isso vem dos tempos em que os homens competiam para ver quem tinha mais poder sobre a matéria.

*Os homens ainda competem?*

Sim.

*Nada mudou, então?*

O homem busca a sua evolução através da matéria, mas a evolução também é, e principalmente, espiritual. A matéria acompanha a evolução espiritual do homem, pois este se torna mais refinado, intuitivo, sábio. Porém a evolução espiritual deve ser o carro-chefe do homem.

*Mas os homens criaram um mundo onde há divisão de posse, onde ter mais é poder mais.*

Na verdade, tudo o de que você necessitar virá para você de forma concreta e mais prazerosa. O material será acrescentado aos que crêem. Mas partir do externo para ser feliz é iludir-se que só isso basta.

 # GUIAS

*Quem são vocês?*

Somos seres que têm a missão de ajudar as pessoas.

*A quem vocês ajudam?*

Ajudamos a todo aquele que quer ser ajudado.

*São sempre os mesmos seres?*

Muitas vezes são os mesmos seres e, em outras, são outros.

*Há harmonia entre vocês?*

Há uma grande harmonia.

*Há nomes?*

O nome não é necessário.

*Vocês se fecham quando eu pergunto sobre vocês. É uma proteção?*

É uma razão.

*Nem sempre vocês dizem tudo
que quero saber. Por quê?*

Nós não podemos agir nem pensar por
você. É somente quando você pergunta algo esclarecedor, que podemos entrar.

*Eu amo vocês, muito.*

Nós a amamos muito também e cuidamos de você. Nada há para saber,
exceto que você é parte de nós e nós
somos parte de você.

*Devemos confiar em vocês?*

Devem confiar em Deus. Nós somos
os agentes de Deus.

**JUSTIÇA**

*Fale-me sobre a injustiça e a justiça*

Injustiça é o temor dos homens que são justos porque pensam em todos como tendo o mesmo direito. E, portanto, tudo deve ser pensado de forma justa, mas há aqueles que desprezam os outros, pois foram ensinados a lidar com a justiça de forma parcial, isto é, pensando apenas neles e, portanto, aí vem a injustiça.

É necessário que as pessoas se dêem conta de que a injustiça está nas mãos de poucos que a praticam. A maioria dos justos é mais forte.

*A justiça é de Deus ou do homem?*

O dever de eliminar a injustiça é do homem, pois o homem tem o livre-arbítrio para isso.

*E quando envolve assassinato?*

Quando envolve morte, então é claro que a justiça já se torna uma justiça em que o Juiz Deus é chamado. *De outra forma qualquer,* o homem necessita agir.

*De onde vem esta idéia de que a justiça é divina?*

O que queremos dizer é que a justiça é divina no sentido de que todos os homens merecem ser justos com eles mesmos.

*Mas Deus protege quem foi injustiçado?*

Deus deve abrir mais portas para aquele que foi injustiçado. Assim Ele deve fechar portas para o injusto, sim.

*Como na verdade funciona a justiça?*

Os homens necessitam conscientizar-se de que a justiça existe para proteger a todos e não proteger alguns poucos. É só.

# LAMENTAÇÕES

*Do que devemos lamentar?*

O único lamento que o homem deve fazer é de não estar com Deus.

*O que lamentar faz para a pessoa?*

Bem, lamentar algo que se foi como um ritual de fechamento é possível e até pode ser uma forma de honrar a perda. Mas ficar na lamentação não é bom.

*Então, a perda pode ser honrada?*

A perda, no sentido de aceitação, pode ser honrada.

*Devemos aceitar todas as perdas?*

Devemos aceitar as perdas enquanto elas forem perdas. Isso não significa aceitar uma situação injusta.

# MÁGOA

*O que você me diz da mágoa?*

A mágoa é atenção desviada de você para o outro. Pois quando você tem mágoa, você se atém ao que o outro lhe causou enquanto que o seu dever é o que você causou para que o outro faça ou diga aquilo.
É um dever de cada um se abrir de forma honesta para com as pessoas e dizer a verdade.

*Mas temos medo de "magoar" a outra pessoa, se falamos a verdade.*

Quando não se fala a verdade, deixamos de dar ao outro o nosso bem precioso que é aquilo que está dentro de nós. A verdade pode ser dita de forma amorosa, mas ela não deve ser escondida.

*E isso é para tudo?*

Salvos casos em que a verdade prejudicará mais do que trazer qualquer luz à pessoa.

# MEDO

*Por que algumas pessoas acordam com medo?*

O medo é uma energia que elas têm. E levam a dúvida para a cama e amanhecem com ela.

*Como se pode melhorar isso?*

Pode-se ler algo amoroso antes de dormir como um salmo, por exemplo, ou dormir com uma frase positiva.

*O que é, na verdade, o medo?*

O medo é uma energia de ilusão que o homem desenvolveu. É a falta de crença de que existe algo maior e melhor que cuidará dele.

*Devemos sempre lutar contra o medo?*

Devemos sempre lutar contra o medo,

pois ele elimina as possibilidades de viver uma vida boa, tranqüila e cheia de paz.

*Quais são os tipos de medo que são piores?*

Todo medo é ruim. O pior medo é o medo da vida.

# MORTE

*Por que o ser humano colocou a morte como um "fim"?*

Isso vem dos tempos em que o ser humano negou a sua divindade e passou a acreditar somente naquilo que via e tocava. O corpo deixa de existir, pois já não se movimenta mais e o homem esqueceu-se da alma.

*Morrer é bom?*

Morrer é simplesmente uma transformação de que a alma necessita passar. Ela vai para outras dimensões que não esta.

*Então os mortos ficam conscientes dos entes da Terra?*

Os mortos abrem-se para uma outra dimensão e deixam de ser aquilo que foram na Terra.

*Mas podemos nos comunicar com eles?*

Há uma consciência sim, mas a ligação entre os mortos é feita quando é necessária, pois eles também precisam cuidar do outro lado.

*Devemos deixá-los em paz?*

Devem vocês honrar a pessoa pelo que ela foi e pelo que ela ainda representa sempre. Cada vez que houver um crescimento espiritual de vocês, esta pessoa também é beneficiada.

*Podemos pedir que eles sejam nossos guias?*

Os mortos estão em uma outra dimensão. Alguns serão guias, enquanto que outros ainda se preparam. O melhor é orar por eles, sempre.

*A morte é uma escolha de cada pessoa?*

A morte é uma escolha interna de cada pessoa, sim.

*Por que tanto mistério em torno da morte?*

Porque ela representa um ato de fé, o fim do que se vê e o começo daquilo que não conhecemos completamente.

*Aceitar a morte é um ato de fé?*

Aceitar a morte é um grande ato de fé.

*Por que algumas pessoas são "porta-vozes" dos mortos?*

É o destino de unir o amor entre os mortos e os vivos.

# MUDANÇAS

*Mudar é bom?*

Mudar de maneira geral é bom. Significa que a pessoa está em ressonância com o universo, com o movimento. Mudar é bom. É abrir-se para o novo, sempre.

*E quando a pessoa é apegada e não consegue mudar?*

Bem, aí então é preciso deixar ir aquilo a que se tem o apego. E acreditar que a vida e o universo proverão algo melhor.

*Devemos sempre então desprezar o velho?*

Não é bem assim. Devemos estar abertos para o novo. Devemos renovar. Devemos viver acompanhando o vaivém. É parte do ser humano.

# MULHERES

*O que me diz sobre o poder das mulheres?*

O poder é uma força intrínseca a todos nós. Muitas vezes entregamos esta força às outras pessoas por motivos inconscientes.

*Que motivos?*

As razões são muitas que fazem com que as pessoas entreguem aquilo que é delas aos outros. Mas a principal é não acreditar que elas merecem o poder.
Então quando você não acredita que merece o poder você não se considera merecedora e simplesmente entrega-o a quem você acha mais poderoso.

*Mas isso não acontece também com os homens?*

No caso das mulheres, isso tem sido

muito mais forte porque foram criadas para viver em função dos outros.

*Mas muitas mulheres são independentes e lutam sozinhas.*

Mesmo assim elas guardam dentro delas aquele sacrifício, aquele dever pelo outro, mais que por elas.

*Você está dizendo que a mulher deveria ser igual ao homem para vencer?*

Não. Mas estou dizendo que a mulher deixou muitas vezes de lutar porque se sente diferente do homem e menos forte para lutar.

*Se isso é verdadeiro de um lado, não é de outro. A mulher tem feito avanços incríveis do jeito dela.*

Sim. Mas a mulher poderá ainda trazer muitos benefícios ao mundo, desde que também passe a lutar com as armas do racional e da razão. Ela deve se posicionar de forma a não perder o seu poder.

*O que é necessário fazer, então?*

O correto é que a mulher deve se abrir para o mundo além de sua família, de seus entes queridos e expandir-se de forma a colocar a sua intuição, clareza e sabedoria para que o mundo a escute.

*Agora entendi. A mulher, apesar de tudo, ainda se posiciona dentro de casa, é isso?*

É isso sim. A mulher não coloca para fora o que ela tem de bom. É preciso que ela avance mais, de forma a gritar ao mundo de suas intuições e grande sabedoria. Ela perde muita chance quando fica em segundo plano. Ela pode ficar em primeiro plano.

# NEGAÇÃO

*Quando devemos dizer a palavra "não"?*

Toda vez que sentimos as emoções negativas virem nos perturbar. Toda vez que nos sentimos desanimados. Toda vez que deixamos o temor falar mais alto. Toda vez que duvidarmos de nós mesmos. Toda vez que nos entristecemos. Toda vez que nos deixamos para trás. Toda vez que nos escondemos das coisas boas.

*Dizer "não" é bom para algumas pessoas?*

Dizer "não" é bom para quem sempre diz "sim". Dizer "sim " é bom para quem sempre diz "não".

# ORAÇÃO

*O que é oração?*

Oração é deixar o íntimo do seu coração falar a Deus. Oração é o momento em que você volta a ser criança, despe-se de tudo para dirigir-se Àquele que a tudo pode. É a hora e é o momento da verdade mais pura que está no seu coração. É o momento de estar com Deus. É o seu encontro com Deus.

*Se orarmos pelos outros, resolve?*

Orar pelos outros é quase que uma obrigação do ser humano. Ele necessita cuidar de todos, pois todos são um. Orar é cuidar e querer o bem do outro. Sim, ajuda e faz bem.

*Mas resolve? Muda a pessoa?*

Orar é clamar por Deus para que interceda no bem daquela pessoa. Isso por si só já é um bem.

*E se a pessoa não quiser, isto é, não estiver interessada em mudar sua vida?*

Todos querem mudar para melhor. Aqueles que não querem, é porque ainda não sabem como fazê-lo e porque não têm Deus no coração. Se for pedido, Deus ouve e coloca uma chama que alguma hora, em algum lugar e em algum momento se acenderá.

*Como devemos orar?*

É chamá-Lo de forma a que seu coração esteja aberto para Ele. É essencialmente sentir Deus no coração e colocar seus desejos mais íntimos. O que é bom e o que é ruim. Deixar então que Ele resolva.

*Podemos pedir o que quisermos?*

Podem sim. Mas o melhor é pedir sempre que Deus lhes mostre o que é melhor para vocês. Nem sempre o ser humano sabe o que é melhor para si. Deus não pode dar aquilo que não lhe pertence.

*A oração tem que ser repetida sempre?*

A oração precisa ser vivida, tão-somente.

*Para quem devemos orar*
*em primeiro lugar?*

Deve você orar pelo seu semelhante, sempre. Por tudo aquilo que você deseja e pelo que a incomoda. Deve-se orar pela paz do mundo, pelas pessoas, para se ter alegria, para se viver de amor. *A oração é o seu momento com Deus.*

*Orar é pedir?*

Orar é reconhecer que Ele é tudo e que Ele a ajudará no que for preciso.

Orar é reconhecer que Deus está acima de tudo e que Ele tem todas as respostas.

*Por que algumas pessoas só pedem?*

Talvez porque elas sintam que assim deve ser.

*E como tem de ser?*

Peça para Deus lhe dar o poder de decidir, de resolver bem tudo o de que se necessita. Agradeça por tudo sempre. Louve a Deus sempre. Esteja com Ele sempre.

*Diga-me uma oração para os aflitos*

" Ó Deus, contempla os teus filhos que estão aflitos. Toca o coração deles com a mágica de Tuas mãos e retira deles toda a aflição".

*Oração ao levantar-se de manhã:*

"Traga, Senhor, o sentido da vida verdadeira para que eu possa viver o dia com suavidade e amor."

*E uma para a noite, ao deitar-se:*

"Senhor, eu agradeço por tudo que aconteceu comigo, o bom e o ruim. Eu deixo as preocupações aqui, Senhor, para que as tome no meu lugar. Assim seja."

# ORGULHO

*O que é orgulho?*

Orgulho é um sentimento de superioridade que leva a pessoa a se afastar das outras.

*Não é bom ter orgulho de algo?*

Ter orgulho de algo ou alguém no sentido de valorizar é bom. O que não é bom é ter orgulho que a afasta dos outros.

*O que faz com que a pessoa se afaste?*

Este sentimento de superioridade, de desigualdade, que a pessoa guarda e a impede de perceber que é igual a todo mundo.

*E se a pessoa for especial?*

Mesmo que ela seja especial, ainda tem

que ter a humildade de reconhecer sua igualdade na condição de humano, na condição de sofrimento, dor e prazer.

*O orgulho é um sentimento negativo?*

Orgulho é um sentimento que pode separá-la dos outros e a isolar do mundo.

*O que me diz para as pessoas
que são orgulhosas?*

Abra-se para enxergar o que está por trás desse orgulho. O que você esconde?

# OTIMISMO

*Como tornar-se um otimista?*

O otimismo vem da aceitação do melhor para cada um. Vem da própria fé. O otimista acredita que o melhor está com ele.

*Mas como ser assim?*

É acreditar que tudo que acontece com você tem uma razão boa. A palavra boa já é um começo do melhor. A partir daí passamos a querer desejar o melhor e ter o melhor.

*E acontece mesmo?*

Claro que sim. *O desejo é a realidade.* O homem tem poder para muito mais.

**PAIS**

*O que os pais significam na vida de uma pessoa?*

Os pais são o alicerce da pessoa. Ela deve sempre tê-los como algo especial, mesmo que não tenha sido tão especial assim. Educar um filho, trazê-lo ao mundo é um ato heróico.

*Por que heróico?*

Porque é um ato de fé em Deus. A continuidade da vida.

*E quando não gostamos deles?*

Então é amá-los a distância e pedir a Deus que traga esse amor para dentro de você.

*Por que repetimos os erros dos pais?*

Aquilo que você não aprecia nos seus

pais é justamente aquilo que ficará com você. Você não se liberta e certamente repete aquilo que a incomoda.

*O segredo é aceitá-los, amá-los?*

O segredo é honrá-los pela continuidade da vida.

# PAIXÃO/AMOR

*O homem deve ser apaixonado?*

O homem é movido pela paixão. Sim, ele deve ser um apaixonado por tudo. A paixão é o entusiasmo pela vida.

*E a paixão de amor?*

A paixão de amor é o que pode atrair as pessoas de início. É o impacto, a admiração, o desejo. Mas o amor é mais que isso.

*O que é, então, o amor?*

O amor é a união de dois corpos e duas almas através de Deus.

*E o que é paixão?*

Paixão é a entrega para a vida. Paixão é uma emoção forte de tudo aquilo que se faz. Paixão é a certeza de sermos iguais a Deus.

**PALAVRAS**

*Por que as palavras são tão importantes?*

As palavras são as sentenças do homem. Aquilo que ele diz, assim será.

*Por quê?*

Porque ao homem foi dado esse poder de sair de dentro para fora aquilo que ele deseja.

*E o que devemos pensar e dizer?*

Devemos sempre pensar no melhor, dizer o melhor e desejar o melhor.

*Repetir as palavras é bom?*

Repetir as palavras como um mantra é bom.

*Pode ser qualquer palavra ou sentença?*

Pode ser qualquer palavra ou sentença, desde que tenha uma intenção boa.

*Por que o mantra é bom?*

Porque usa sons que ecoam no corpo astral.

*Qual a diferença entre a palavra e o pensamento?*

A diferença é que a palavra confirma o pensamento, realizando-o ou destruindo-o.

*Quem tem mais poder?*

O que está dentro tem mais poder, mas ele se concretiza quando vai para fora. Se você diz algo verdadeiro e que sente, o poder é grande. Se você pensa algo e diz o contrário, então aquilo a embrutece.

*O que é importante, então?*

A palavra mais importante é a palavra de Deus, e depois disso o desejo do homem.

*Quando a palavra deve ser mais usada?*

A palavra deve ser usada sempre que vai ajudar. Ela tem que ser considerada como uma força que cria. Ela cria uma realidade. Assim como o pensamento cria, a palavra cria.

*Qual é a palavra de Deus?*

Tudo que é bom da vida, do sagrado, e das coisas do céu.

*Diga palavras que são boas para o ser humano*

Tudo que dignifica e enaltece o ser humano.

*Diga uma palavra que é boa para Deus*

Tudo que se liga a Ele.

# PERDÃO

*Devemos perdoar sempre?*

Sim. Devemos perdoar sempre.

*Por quê?*

Porque o perdão é além de tudo uma *limpeza* para todos e tem um significado mais profundo. Se Cristo nos perdoou, como é então que não vamos perdoar o outro?

*E para casos bem dramáticos como assassinatos, traição, morte, etc?*

Qualquer que seja o caso, o perdão é necessário.

# PESSIMISMO

*O que é o pessimismo?*

Pessimismo é a crença no fatalismo. A descrença de que o homem tem poder para mudar.

# POBREZA

*Por que existe a pobreza?*

A pobreza existe para que o homem veja que ele ainda é o responsável por suas criações.

*Mas quem é pobre, nasceu pobre e não é responsável por isso?*

A responsabilidade é do ser humano como um todo. Todos devem se preocupar com o que acontece com o outro.

*Por quê?*

Porque somos um na verdade. Porque a humanidade é um todo. O sofrimento de um atinge o sofrimento do outro. Como você pode viver em paz sabendo que o seu irmão passa fome? Mesmo que você ignore, isso paira e vibra perto de você. Portanto, é de sua responsabilidade também cuidar disso.

**PODER**

*Fale-me sobre o poder.*

O poder é uma força inerente ao ser humano. É a força da sua vida, a força para que ele vença os obstáculos que o mundo criou. O poder é a sua força vital. O próprio ar que ele respira. O poder é a excitação de estar vivo e a alegria do movimento. O poder é acreditar que ele é uma centelha divina. O poder é a grande força móvel do homem.

*Por que existe tanto abuso do poder?*

Porque as pessoas não sabem interpretar o poder. O poder é alegria e não é dominação. O poder é a certeza da vitória e não é destruição. O poder não é egoísmo nem superioridade entre os homens. O poder é igual para todos, e todos devem se respeitar por isso.

*Mas alguns não se sentem poderosos.*

É que se esqueceram de que são filhos de Deus.

*Alguns se sentem massacrados por outros.*

É que acreditam que os outros têm mais força. Neste caso, é preciso pedir ajuda de Deus para se fortalecerem. Mas antes de tudo é preciso ter fé.

*E o poder feminino?*

Na verdade, o poder feminino vem da crença de que a mulher tem um encantamento tal que envolve os outros de forma poderosa. O poder é o mesmo, mas a mulher tem este encantamento que é a suavidade dela própria. Isso encanta os homens que ainda não sabem usar este lado feminino.

# PRESENTE

*Como é viver o presente?*

Viver o presente é uma alegria onde você pode concentrar-se no dia de agora tão-somente e isso significa que você não precisa ficar no passado ou futuro. O presente é uma porta que o leva aos caminhos mais certeiros da vida.

*Por quê?*

Porque ele tem o segredo da verdade única do momento. E assim, aquela verdade pode levá-lo a um bom futuro.

*Então o ser humano não tem capacidade de perceber o futuro?*

Então o ser humano tem sim, mas a ele não foi dado o poder de viver o futuro passando em branco o presente.

*O que ele pode fazer quanto ao futuro?*

Ele pode acreditar que ele tem o poder de transformação e que o seu futuro ele mesmo faz.

*Por que se faz o futuro vivendo o presente?*

Porque o presente contém tudo. Contém o passado, o presente e o futuro.

*Como assim?*

Cada átomo é responsável pela memória da humanidade e é pelo presente que você alcança esta memória. Podemos captar as ondas eletromagnéticas estando no presente. Há a pura verdade em cada momento que se vive. É só aí que a realidade é verdadeira.

*Assim como é pelo presente que se alcança o passado?*

É, sim.

*E conseguimos mudar o passado?*

Através das suas emoções você registra nos átomos do sentimento que não foi bom, o que foi bom e você muda sua história.

*Mas não podemos mudar quem morreu.*

Não podemos mudar quem morreu, mas podemos mudar nossas emoções a respeito de quem morreu, e fazer disso um ato em que confiamos em Deus.

*Pode me dizer mais a respeito dos átomos guardarem o passado, presente e futuro e alcançá-los através do presente?*

É algo que diz respeito ao movimento da vida de forma química. Tudo se contém em átomos e à medida que você respira, você pode absorver as informações que ali estão contidas. Se você se ativer ao momento, então há uma sabedoria de tudo de como tem que ser. Se você se ativer ao que foi, você também pode alcançar o que foi, mas para mudar isso é melhor que se faça pela sabedoria do momento para que você não se perca. Se você se ativer ao futuro, é melhor que você o faça pelo presente através das suas emoções no momento.

# PROSPERIDADE

*O que me diz da prosperidade?*

Prosperidade é uma atitude que você toma e insere na sua personalidade para que você aceite o bem de Deus. Quando você acredita que ser próspero é um bem de Deus que todos têm direito, então a prosperidade chega perto de você. Não se pode ter pensamentos negativos em relação ao dinheiro ou a ganhar e perder.

*Isso não significa ser materialista?*

Não. Materialismo é viver em função do dinheiro, é ver a matéria, o carro, a casa, os pertences como um fim em si mesmo, e ser próspero não é isso. Ser próspero é ser feliz. É acreditar que você merece tudo que tem e muito mais.

*E como o dinheiro virá?*

O dinheiro é apenas um meio em que

a prosperidade se manifesta. É acreditar que tudo é merecido por você. É acreditar que você faz parte da abundância de Deus. Então, de alguma forma, o dinheiro também virá.

*É verdade que se ganha mais quando só se pensa na matéria?*

Em parte é verdade, mas esse ganho não vem com a imensa satisfação que viria caso a espiritualidade estivesse presente.

*É verdade que a espiritualidade pode atrapalhar o ganho material?*

Sim, se você sentir a espiritualidade como algo contra a matéria.

*E a espiritualidade não é contra a matéria?*

Não é e nunca foi. Pelo contrário, os sábios sabiam como ganhar, haja vista os egípcios.

*Qual era o segredo dos egípcios?*

Eles dominavam o saber e podiam dominar a matéria. Eles sabiam que eram partes do Universo e eram criadores de Deus.

*E como é que alguém que não tem espiritualidade domina a matéria?*

Porque aí se percebe a matéria como algo único e se dedica exclusivamente a ela, mas nem sempre isso é bom. Haverá o dia em que a pessoa terá que dar conta disso.

**SENTIDO DA VIDA**

*Qual é o sentido da vida?*

O sentido da vida é você mesma quem faz. Se você ama a vida e é ligada a ela, seu sentido talvez seja entrar na sintonia dela que é criar, amar, servir à natureza, servir a Deus. Se você ama as coisas do céu é o mesmo. Se você ama os humanos também.

*E se isso não estiver acontecendo?*

Se ainda não tiver esta razão de vida, então sua alma fica sem saber para onde ir.

*E quando falta a matéria, o conforto?*

Então isso é se conectar com Deus.

*E se a pessoa não estiver conectada?*

Isso acontece quando a pessoa se deixa levar pelos desígnios de vibração mais baixa.

*E para se lembrar disso?*
É Deus, Deus e Deus.

# SEXO

*Por que, às vezes, temos tanta necessidade de sexo?*

É, de fato. Isso se deve ao desejo de abrir-se ao mundo de forma bem clara e prazerosa, e o sexo é a abertura por onde este desejo vem. Mas ele não é necessariamente somente aquilo que vai lhe proporcionar prazer. Ele deve proporcionar alívio.

*Então, o que fazer com o desejo?*

O desejo precisa ser realizado, pois quando ele não é realizado, o homem se frustra e, frustrando-se, ele cria uma "doença" na cabeça e assim comete delitos. O desejo sensual e sexual não é pecado, por exemplo. O homem precisa do toque e precisa do carinho. E é a nossa sociedade que condena o toque por medo de que ele vire sexual. É justamente por não ter o toque que o homem tem desejos sexuais promíscuos. O homem precisa voltar a se tocar de forma amorosa, carinhosa e sem intenções sexuais. O abraço, o toque, a mão que segura a outra mão, a certeza do abraço são todos os sinais de que o homem é bem querido e amado pelo seu semelhante.

*Qual é o meu dever?*

O seu dever é abrir-se para os outros de forma bem clara e concisa para que eles tomem decisões deveras atenciosas com a sua vida.

*O que devemos fazer hoje neste momento importante?*

Devem ouvir o som dos céus e ater-se ao dever de desejar o melhor de tudo a todos.

# O SOL

*O que devemos dizer em cada manhã ao Sol?*

Devemos nos curvar a ele, saudá-lo e atermo-nos aos seus raios magníficos.

*Por que precisamos cumprimentar o Sol?*

É devido ao esplendor que o Sol demonstra ter para com a Terra, seus raios são de abertura do mundo tal qual ele é. É deste ardor que ele lança suas chamas para que o ser humano se ilumine.

*Explique.*

O dever do Sol é abrir o mundo para que o ser humano possa enxergá-lo, caso contrário não saberia como o mundo é.

*Se a pessoa fizer isso, o que acontecerá de bom na vida dela?*

Se a pessoa fizer isso, ela terá uma grande vantagem, que é abrir-se ao mundo de forma amorosa e ardorosa tal qual o *Sol*.

*E as cidades que não têm Sol?*

Então as pessoas sofrem mais e são mais fechadas.

*O que dizer ao Sol?*

" Ó Sol, deste teu ardor abre as portas para o meu destino ser tão iluminado quanto o teu calor".

*Isso é verdadeiro, o Sol é um deus?*

O Sol é deveras um deus da iluminação e da ternura de amor. O Sol é uma ardência de destinos. O Sol é divino, parte de Deus.

# VERDADE

*Qual é a verdade que precisamos saber?*
Estamos vivos tanto quanto vocês. Apenas não nos materializamos.

*Você pode me dar uma prova?*
Se você a merecer, sim.

*E qual seria esta?*
O amor de Deus.

*Por que agimos como se vocês não existissem?*
É o temor de deixar de existir no plano físico.

*E isso é verdade? Deixamos de existir no plano físico?*
Claro que sim. Mas vocês continuam a existir em outros planos e po-

derão retornar quando assim for entendido.

*O mundo de "lá" é melhor do que o mundo de "cá"?*

Quando se tem Deus no coração, todos os mundos são bons. No mundo de lá, a matéria deixa de existir para que haja uma aproximação maior de Deus.

*E por que temos medo?*

O medo é a ilusão que o homem criou para que acreditasse que só ele tem o controle de sua vida.

# VERGONHA

*O que me diz da vergonha?*

A vergonha é uma sensação adquirida em algum lugar da vida, da infância, de momentos em que se cortou o prazer de ser e da expressão própria. Quando se diminui essa expressão, a pessoa também se sente pequena.

*Para que serve a vergonha?*

Aos que a incutiram, ela serve como domínio. Aos que a recebem ela serve como um desafio para aprender sobre si mesmo.

*Por que ela é advinda do sistema nervoso parassimpático?*

Ela se torna uma reação automática toda vez que a pessoa tem que se expor, então a paralisia acontece.

*Como se ajudar nisso?*

Indo ao ponto do "nó" que aconteceu onde a vergonha se instalou. É revivendo, através da memória celular, onde foi que isso se instalou ou se repetiu. É preciso compreender a sensação para que haja a cura. A cura nada mais é que o reconhecimento de que o acontecido foi um problema do "dominador" e não seu.

*O que mais?*

A vergonha é uma ilusão, e ela pode ser esclarecida e exposta de forma honrosa para ser curada.

# VELHICE

*E a velhice?*

A velhice é o começo de uma nova vida. A velhice é a preparação para o começo de uma nova vida que virá. É na velhice onde se reflete, se pensa e se estuda sobre a vida que está passando. É um momento precioso, sagrado.

*E por que nós humanos desprezamos tanto a velhice?*

A razão é que os humanos confiam demais na aparência física, isto é, naquilo que podem enxergar, e confiam de menos no espírito.

*Por que quase nunca lembramos de nossas vidas passadas ao nascer?*

É que este desejo de nascer deve vir acompanhado do desejo de mudar, de querer uma nova vida, e assim deve vir acompanhado de uma transformação, que já começou nesse preparo. A lembrança existe e ela é doce, tênue e sutil.

*O que fazer para ter uma boa velhice?*

Aceitar que todos são iguais e que o tempo é necessário existir para o corpo físico ir-se.

*E por que o corpo físico tem que ir?*

Para que a alma se liberte, para que o espírito fique livre.

*E para onde o corpo físico vai?*

O corpo físico se transforma em eons que se mutarão.

*E para que então morremos?*

Morremos porque precisamos morrer, renascer, transformar. O material tem o tempo dele.

# VIOLÊNCIA

*Por que a violência dos jovens?*

É devido ao abuso de "detrimentos" tóxicos e também ao fato de o destino deles lhes parecer tão obscuro.

*Como assim, obscuro?*

Os jovens não sentem a sociedade atraente. Os valores velhos não são mais apropriados e os valores novos não existem. A culpa é, em parte, daqueles que não sabem que valores passar para a sociedade jovem.

*O que dizer aos jovens?*

Que eles devem se amar independentemente do que os pais foram ou são e que o mundo não é tão distante dos seus desejos altruístas. É preciso se voltar para o bem sem ser "careta."

*Ainda sobre a violência*

A violência é da natureza do jovem, pois ele é naturalmente fogoso e desejoso de romper, porém ele necessita de barreiras, limites e de acreditar num futuro promissor e não no que está se vivendo.

*Sobre os jovens*

Os jovens têm uma necessidade de se rebelarem sobre a sociedade e isso é natural. Mas o problema é que como não foram educados por princípios rígidos, então fica um "laissez-faire" e isso pode provocar uma aceitação de desvios de comportamento até que as pessoas se achem.

*A violência não é uma característica das classes desiguais?*

A violência é realmente uma característica de sociedades desiguais, mas quando a violência acontece na classe média, significa que o princípio verdadeiro do ser humano, isto é, o respeito ao próximo, os desejos altruístas estão sendo drasticamente desconsiderados.

Portanto os jovens necessitam de um comando espiritual, de uma crença na sociedade, e isso tem muito a ver com os valores da sociedade. Eles sabem e observam os mais velhos e percebem a hipocrisia. Não acreditam muito nos princípios e não têm vontade de lutar. Não foram ensinados a valorizar a natureza e nem a lutar por uma sociedade melhor. Estão se desviando da vontade de ter uma sociedade melhor para uma sociedade marginal em que criam regras e princípios próprios. (por exemplo, as gangues) Foram criados pelo "consumismo" da televisão. E pela facilidade das drogas. Também há o erro dos nossos antepassados.

*O jovem é essencialmente uma criança?*

O jovem da classe média é ainda muito protegido pela família, de forma que ele não é um produtor ativo economicamente. Isso também ajuda na falta de responsabilidade por sua própria vida.

A violência é uma revolta contra o que existe de forma exagerada e sem princípios. Existe um desvio através da alimentação pobre, das academias e das injeções de massa, das drogas, do álcool.

A violência da classe pobre é diferente, pois esta advém do roubar, do adquirir. A da classe média é por falta de princípios, é energia desviada do bem para o mal. O jovem está perdido no sentido de não saber para onde ele vai e por quê. Ele pode criar seus próprios princípios desde que valorize o ser humano e a sociedade. Para isso ele precisa ter boa autoestima.

# VISUALIZAÇÃO

*Fale-me sobre a visualização.*

A visualização é a arte de atender aos seus desejos através do uso visual, ou seja, da criação mental. O destino das pessoas é criado por elas mesmas e devemos nos esforçar para desejarmos o melhor.

*Como é possível isso? É só imaginar?*

É deste ardor de imaginar, sim, com a emoção, é sim.

*Para que serve a visualização?*

Serve para você centralizar os seus desejos e tentar realizá-los de forma altruísta.
Deve você desejar que o destino de cada um seja o melhor possível.

*É necessário desejar melhorar o mundo antes do desejo pessoal?*

Certamente, no seu desejo deve constar o desejo de ater-se ao melhor do mundo. Isto é, desejar a paz, o amor, os desejos mais profundos do homem.

*Podemos desejar a visualização para outra pessoa?*

Sim, mas devemos ter cuidado para não interferir no processo do outro.

# VITÓRIA

*O que é vitória?*

Vitória é o sentimento interno da certeza de que há muito mais na vida do que se vê. É o celebrar do sucesso alcançado. É a sensação do melhor que está com você.

# VIVER BEM

*Fale-nos de viver bem.*

Viver bem é sempre ter aquela sensação boa no coração de que você é cuidado, é amado por Deus e que o Universo está aqui para servi-lo. Você é parte dele, portanto, merecedor do melhor sempre. É também entender que cada momento precisa ser vivido intensamente e que todas as coisas materiais estão aqui para servi-lo e não o contrário. Inspire lentamente e perceba o quanto é bom estar vivo e estar com Deus, e veja que todo o resto é seu não de forma possessiva, mas de forma permissiva.

# Sumário

Sumário

*O Começo do Dia* .............................. *07*
*Deus* .................................................. *10*
*Alegria* ............................................. *16*
*Alimentação* .................................... *19*
*Alma* ................................................. *24*
*Alma Gêmea* .................................... *27*
*Amor* ................................................ *30*
*Amor Desviado* ............................... *31*
*Angústia* .......................................... *33*
*Ansiedade* ........................................ *36*
*O Ardor da Alma* ............................ *38*
*Auto-Estima* ..................................... *41*
*Beleza* ............................................... *45*
*Criança* ............................................ *47*
*Cristo* ............................................... *50*
*Culpa* ................................................ *52*
*Decepção* .......................................... *57*

| | |
|---|---|
| *Decisão* | *60* |
| *Depressão* | *62* |
| *Desânimo* | *63* |
| *Desentendimento* | *65* |
| *Desespero* | *67* |
| *Destino* | *68* |
| *Dificuldades* | *75* |
| *Drogas* | *78* |
| *Dúvidas* | *82* |
| *Emoção* | *84* |
| *Energias* | *86* |
| *A Espera* | *89* |
| *Êxito* | *90* |
| *Família* | *93* |
| *Fé* | *94* |
| *Felicidade* | *97* |
| *Filhos* | *99* |
| *Força de Vontade* | *102* |
| *Futuro* | *103* |
| *Ganância* | *105* |
| *Guias* | *107* |
| *Justiça* | *109* |

Lamentações ............................... 111
Mágoa ......................................... 112
Medo ........................................... 113
Morte .......................................... 115
Mudanças .................................... 118
Mulheres ..................................... 119
Negação ...................................... 122
Oração ........................................ 123
Orgulho ...................................... 128
Otimismo .................................... 130
Pais ............................................. 131
Paixão ......................................... 133
Palavras ...................................... 134
Perdão ........................................ 137
Pessimismo .................................. 138
Pobreza ....................................... 139
Poder .......................................... 140
Presente ...................................... 142
Prosperidade ............................... 146
Sentido da Vida ........................... 149
Sexo ............................................ 151
O Sol ........................................... 153

Verdade .................................................. 155
Vergonha ............................................. 157
Velhice .................................................. 159
Violência ............................................... 161
Visualização ........................................ 165
Vitória .................................................. 167
Viver Bem ............................................ 168